Marie-Ange Richermo
illustrations de Vincent Gevin

# La Conversion de Clovis

MÉDIASPAUL

*Médiaspaul*, 8 rue Madame, 75006 Paris
ISBN 2-7122-0594-4
ISSN 0984-0680

« Tout ce qu'Il vous dira, faites-le. »
*(Marie aux noces de Cana, Jean 2, 5)*

A Louis et Nathanaël

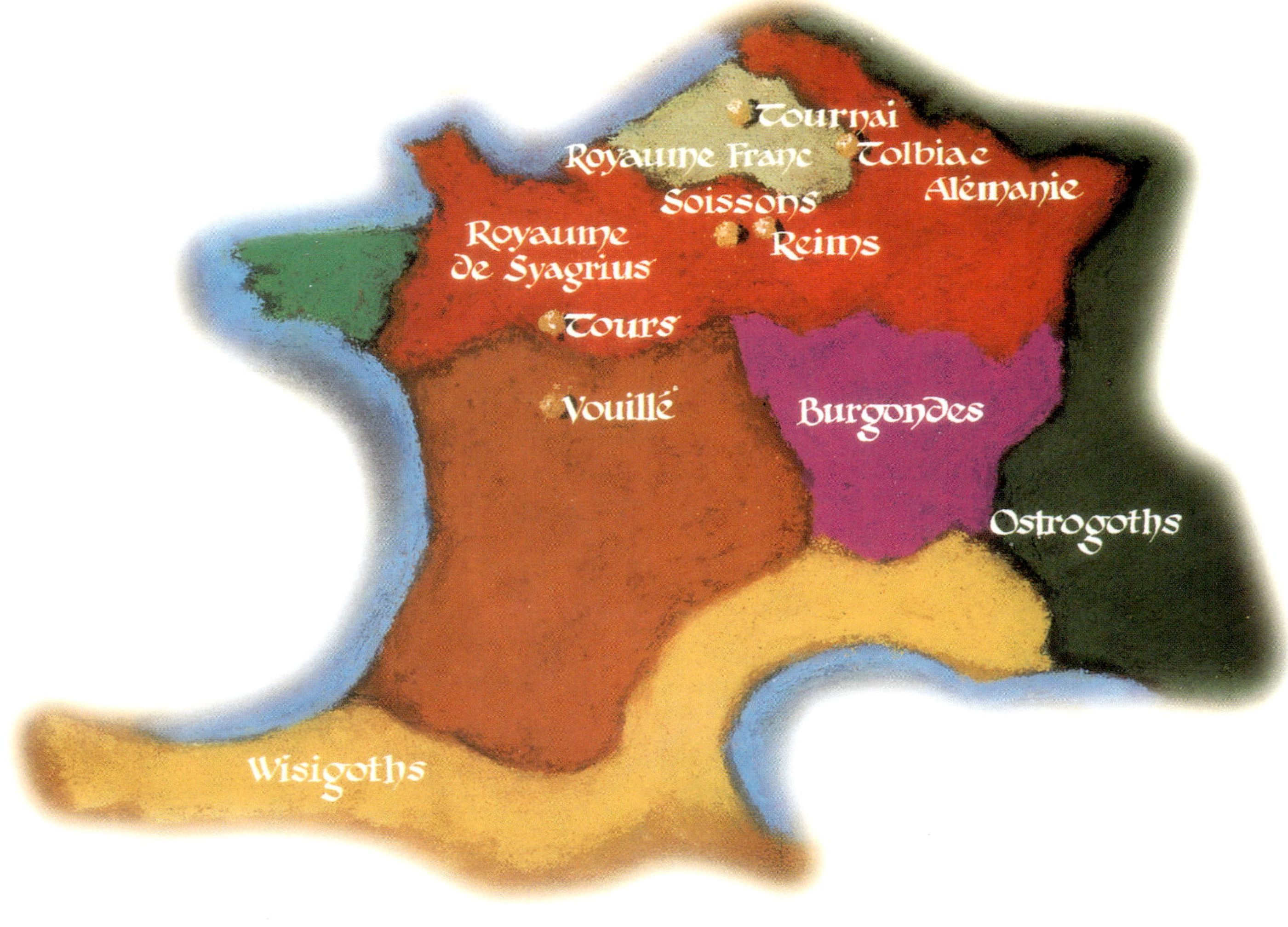
Tournai
Royaume Franc
Tolbiac
Alémanie
Soissons
Royaume
de Syagrius
Reims
Tours
Vouillé
Burgondes
Ostrogoths
Wisigoths

En l'an 481, la Gaule est un vaste territoire que se partagent les royaumes wisigoth, burgonde et franc.

Les catholiques y sont partout présents, mais ne détiennent pas le pouvoir, à l'exception du Soissonnais où règne le général gallo-romain Syagrius.

Conquêtes de Clovis jusqu'en 507

Royaume Wisigoths conquis après 507

Que ce soit à l'est, au centre ou au sud, ils sont souvent opprimés par les ariens qui croient en l'existence de Jésus-Christ tout en niant sa divinité.

Au nord dominent les Francs, peuple païen qui adore de nombreux dieux et déesses.

L' Église de Gaule, elle, met tout son espoir dans l'avènement d'un roi catholique qui pourrait la protéger et l'unifier...

Childéric, père de clovis et roi mérovingien, mourut en 481. Sa bague en or à usage de sceau fut retrouvée dans sa tombe découverte à Tournai en 1653.

Également dans la tombe de Childéric se trouvaient une trentaine d'abeilles en or et grenats sertis. Cet emblème ornait le manteau royal.

En cette même année, Clovis âgé de quinze ans monte sur le trône du petit royaume franc* de Tournai.

Il est, après son père Childéric, un roi fédéré, mis en place par Rome pour défendre cette province d'Empire.

Vêtu d'un manteau pourpre à motif d'abeilles dorées, détenteur de l'angon,** il est acclamé par ses hommes.

Clovis devient ce jour-là un "roi chevelu" et porte les cheveux longs, signe de ses origines divines et de son droit à régner sur un peuple dont les guerriers se rasaient la nuque par déférence.

Quoique païen, il sait, dès son avènement, entretenir d'excellents rapports avec l'Église et ses représentants les évêques, dont la grandeur morale est reconnue de tous.

Il reçoit avec la plus grande attention la lettre de félicitations que lui

*la dénomination "franc" voulait dire hardi, courageux.*

*** lance royale.*

adresse Rémi, le saint
évêque de Reims :
*“Montrez-vous plein
de respect pour vos évêques
et recourez toujours
à leurs avis.
Si vous vous entendez
bien avec eux, votre pays
s'en trouvera bien...”*

La francisque est l'arme des Francs. C'est une hache de jet. Ils la lancent en direction de leur cible ; elle peut être mortelle à plus de dix mètres.

Cinq ans plus tard, Clovis entre en guerre contre le général gallo-romain Syagrius qui règne sur le Soissonnais ; ses troupes s'emparent d'un butin parmi lequel se trouve une urne sacrée.

L'évêque du lieu, qui y tient beaucoup, demande à Clovis qu'elle lui soit restituée. Or, selon la coutume franque, cette prise de guerre doit être tirée au sort. Clovis prie alors ses hommes de lui accorder l'objet sacré

framée est une sorte
javelot qui, avec la
ncisque et l'épée,
nstituent l'armement
s soldats francs.

afin de satisfaire l'Église. Tous sont d'accord sauf un, qui lui refuse cette faveur et lance sa francisque* sur l'urne pour la briser afin que ses morceaux soient partagés entre tous.

* *hache de guerre.*

Bien que contrarié, Clovis se soumet à la coutume et obtient providentiellement le vase qui reste entier et qu'il remet à l'évêque.

Un an s'est écoulé. Clovis passant son armée en revue, reconnaît l'insolent et l'interpelle : *"Nul n'est aussi mal équipé que toi, ta framée**, ton épée, ta hache, rien ne vaut !"*

Il lui abat sa francisque sur la tête et lui dit : *"C'est ce que tu as fait au vase de Soissons."*

** *sorte de javelot.*

Les évêques sont élus par le clergé et les fidèles. Ils possèdent un grand pouvoir, défendent les pauvres,

fondent des hospices, mais aussi protègent leur cité. Dès l'avènement de Clovis,ils seront souvent nommés par le roi.

Après dix ans de conquête, Clovis s'empare de la Gaule jusqu'à la Loire.

C'est un personnage puissant et redouté par ses pairs. L'illustre roi Théodoric, résidant à Ravenne, reconnaît le chemin parcouru par le petit roi de Tournai et lui fait l'honneur de demander en mariage sa sœur Aldoflède.

Clovis songe lui aussi à une union de sang royal digne de son prestige grandissant.

C'est alors que Rémi, l'évêque de Reims, intervient une nouvelle fois et lui vante les vertus d'une jeune et belle princesse catholique du nom de Clotilde.

Les ariens sont les disciples d'un prêtre du IVe siècle, Arius. Ils ne reconnaissent pas la divinité du Christ.

Elle vit dans le royaume burgonde de Genève.

Son éducation au milieu d'une cour arienne n'a pas remis en cause son attachement à la foi et elle met tout son cœur dans l'accomplissement de tâches charitables.

Clotilde, fervente catholique, ne peut accepter ce mariage qu'à la condition que son futur époux lui permette de faire baptiser leurs enfants.

Clovis, roi païen, demi-dieu pour son peuple, peut-il accepter que ses descendants, en recevant

Lors du mariage, l'épouse porte de nombreux bijoux. Fibules et agrafes sont richement ornées de pierres précieuses serties dans des cloisons de métal soudé : les "cloisonnés" ; d'autres bijoux sont incrustés de fil d'or, c'est le "damasquinage"

le sacrement du baptême, deviennent les enfants d'un Dieu qu'il ne reconnaît pas ?

Clotilde mesure pleinement la grandeur de la mission qui lui est confiée : la conversion de Clovis.

Encouragée par un saint évêque nommé Avit, qui lui recommande la prière et l'exemple des vertus chrétiennes, la charité, l'espérance et la fermeté dans ses convictions religieuses, elle rencontre Clovis.

Le roi des Francs accepte sans réserve les exigences de Clotilde, tombe éperdument amoureux d'elle et l'épouse.

Le baptême est le premier des sacrements chrétiens : il permet à celui qui le reçoit d'entrer dans la famille de Dieu.

Une terrible épreuve frappe cependant le jeune couple royal : leur premier enfant meurt quelques instants après avoir été baptisé. Clovis est amer et reproche à Clotilde : *"C'est votre baptême qui est la cause de sa mort ; si je l'avais consacré à mes dieux, il serait encore vivant."*

Clotilde, malgré sa douleur, accepte avec courage la volonté divine et, sans colère, répond à Clovis :

*"Je rends grâce au Dieu tout-puissant et créateur de toute chose, qui ne m'a pas trouvée indigne d'être la mère d'un enfant admis dans son royaume céleste.*
*La douleur de sa perte ne trouble pas mon âme ; sorti de ce monde avec la robe blanche de son innocence, il se nourrira de la vue de Dieu pendant l'éternité."*

L'année suivante, Clotilde donne naissance à leur second fils. Clovis, malgré ses craintes, accepte le baptême : *"Il a été baptisé, il faut bien qu'il meure"*, s'écrie-t-il après la cérémonie. En effet, l'enfant tombe malade et Clotilde prie Dieu de toutes ses forces pour la guérison de leur fils. Sa prière est exaucée et Clovis, impressionné par tant de foi, s'interroge sur le Dieu tout-puissant de Clotilde.

Quelques mois plus tard, Clovis part défendre ses alliés de l'est, les Francs Ripuaires, contre les Alamans.

Sur le champ de bataille de Tolbiac, la lutte est acharnée.

Le roi des Francs, au premier rang, se bat avec courage. Toutefois, trop de ses soldats tombent sous les coups ennemis et lui-même envisage la possibilité d'une défaite qui signerait son arrêt de mort.

C'est alors qu'il se souvient de Clotilde et de la puissance de sa prière. Il s'écrie : *"Jésus-Christ, toi qui es*

*selon Clotilde, le fils du Dieu vivant, secours-moi dans ma détresse, et si tu me donnes la victoire, je croirai en toi et me ferai baptiser."*

Les Francs semblent retrouver leurs forces et repoussent les Alamans dont ils tuent le roi.

Clovis est bouleversé. Il renonce à poursuivre l'ennemi que son armée aurait massacré et inaugure ainsi son entrée dans la chrétienté par un geste de clémence.

Impatient de retrouver Clotilde et de lui raconter son extraordinaire aventure, Clovis se hâte sur le chemin du retour, vers le palais royal.

Là, il peut enfin serrer dans ses bras celle qui l'inspira dans sa conversion et fait venir auprès d'eux Rémi, l'évêque de Reims.

Cet homme d'influence, accouru de nuit pour féliciter son roi, s'entretint pendant de longues

Les Francs adorent différents dieux, Wothan dieu de la guerre ou Thor dieu de la foudre. Le sacrifice de leur vie au combat les conduit au Walhalla, le séjour des dieux.

heures avec Clovis des mystères de la foi et des conséquences de sa promesse faite sur le champ de bataille.

En abjurant sa religion et les dieux qui l'ont placé sur le trône, Clovis prend, par sa conversion, le risque d'être désavoué par ses guerriers. Pire, ils pourraient élire un autre roi que lui !

N'écoutant que son courage, il dit à Rémi : *"Les hommes qui me suivent ne veulent pas abandonner leurs dieux, mais je vais aller les trouver et les exhorter à se faire chrétiens comme moi !"*

À son grand soulagement, sa conversion suscita celle de 3 000 guerriers, de nombreux sujets païens et membres de sa famille, d'autres encore commençaient à abjurer l'arianisme.

Le 25 décembre 496, à Reims, l'Église accueillait solennellement Clovis, Clotilde et l'assemblée des futurs baptisés.

La ville tout entière était richement décorée et, dans la cathédrale Notre-Dame, les ors, l'encens et la flamme de milliers de cierges invitaient à la prière les fidèles et les nouveaux convertis. Clovis prit la parole et demanda le baptême. Rémi lui fit alors cette recommandation :

*"Dépose humblement tes colliers de chef païen, Sicambre* ; brûle ce que tu as adoré, adore ce que tu as brulé."*

Puis, après avoir confessé leur foi, Clovis et toute l'assemblée furent baptisés. Tous portaient un vêtement blanc, signe de leur nouvelle naissance et de leur filiation divine.

Ce jour-là, la France devenait, par le baptême de son roi, la première nation catholique, la fille aînée de l'Église.

* *Sicambre : tribu franque dont était originaire Clovis.*

La richesse et le décor des armes sont des indices sur l'origine, la fortune et le rang des guerriers.

Or Clovis a soif de conquêtes et, poussé par le clergé, il désire combattre les Wisigoths, ses voisins du sud qui persécutent les catholiques et déportent les évêques.

Pour cela, il choisit de s'allier avec son ancien ennemi, le roi burgonde Gondebaud, apparenté à sa femme Clotilde.

Selon les coutumes barbares, une rencontre a lieu en territoire neutre, au milieu de la rivière, Chacun sur son embarcation, accompagné seulement d'une escorte restreinte.

Un accord est conclu contre les Wisigoths.

Clovis, qui aimait à s'entourer de saints personnages et recourait souvent

Les évêques font construire des basiliques pour rassembler leurs fidèles, au moment des offices. De nombreux monastères sont également fondés à cette époque.

à leur avis, demanda alors à son nouvel allié qu'il abandonne ses droits sur un saint homme du nom d'Eptadius. Le roi Gondebaud, qui y était attaché comme à un trésor, eut de la peine à s'en séparer. Eptadius, plein de sagesse, n'accepta de rejoindre Clovis qu'à la seule condition que les deux rois, burgonde et franc, consentent à la libération de leurs prisonniers de guerre.

Alors Eptadius, élu à l'unanimité par le peuple et le clergé, accepta la charge d'évêque d'Auxerre que lui confia Clovis, confortant ainsi l'influence de l'Église sur le royaume franc.

Clovis et son nouvel allié burgonde fondirent sur le royaume wisigoth en l'an 507.

Craignant Dieu et vénérant les saints, souhaitant protéger les hommes et les biens de l'Église, Clovis fit régner une discipline rigoureuse dans ses armées :

Grégoire de Tours. Il vécut au VI^e siecle et écrivit en latin *L'histoire des Francs.* Ce sont les seuls écrits qui nous informent sur le règne de Clovis.

Saint Martin de Tours. Jeune officier romain, il a partagé son manteau avec un mendiant. Plus tard il devint moine et évêque et consacra sa vie à l'évangilisation des campagnes

quiconque prend autre chose que de l'herbe pour son cheval ou de l'eau pour lui-même dans la région du monastère de Saint-Martin-de-Tours est puni de mort !

Dans la plaine de Vouillé, le roi des Francs affronte son ennemi, le roi Alaric qui va périr au cours d'un féroce combat. En peu de temps,la presque totalité du royaume wisigoth devint franque et le royaume de Clovis s'agrandit encore d'autres territoires.

Grégoire de Tours* attribue à la conversion de Clovis son invincibilité et écrit : *"Dieu prosternait devant lui tous ses ennemis et ne cessait d'augmenter son royaume parce qu'il marchait le cœur droit devant Lui et qu'il faisait ce qui Lui était agréable."*

** historien religieux du VI^e siècle.*

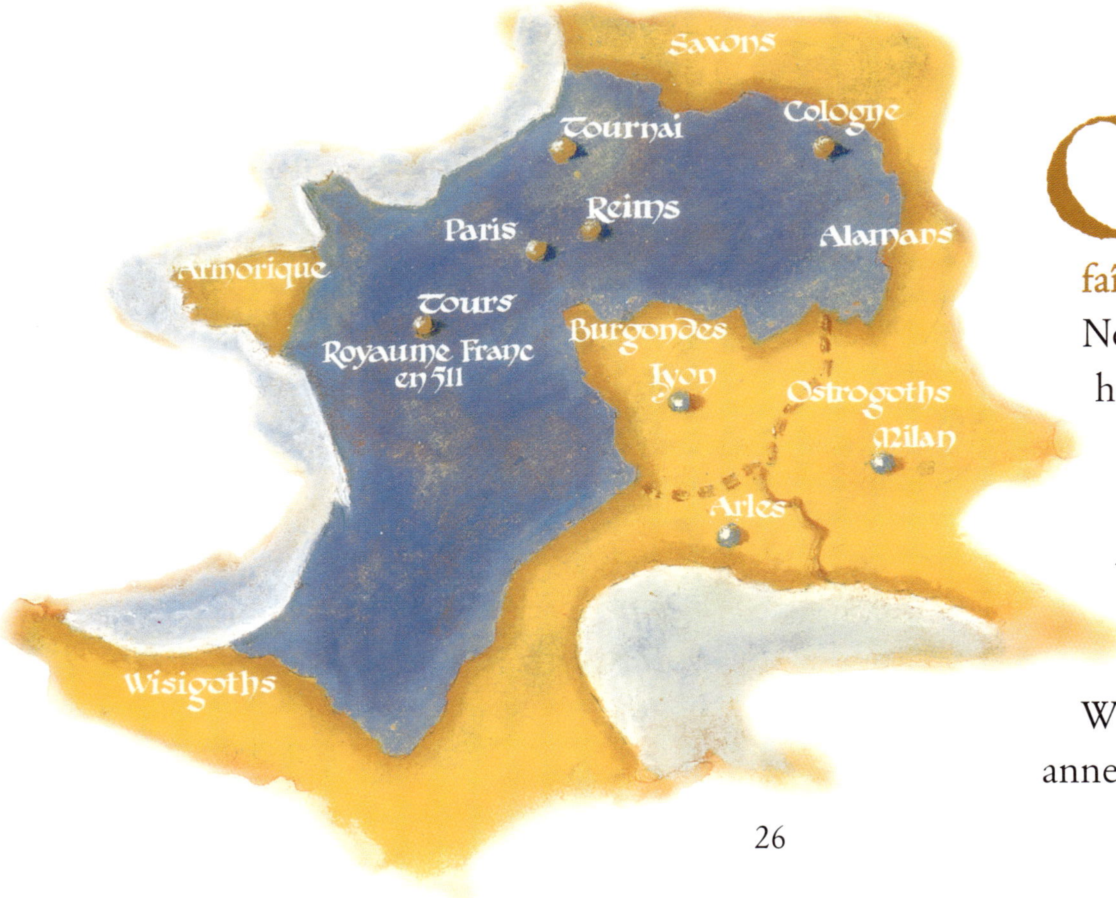


Clovis est, en 508, au faîte de sa gloire. Nommé consul honoraire par l'empereur d'Orient Anastase après sa victoire sur les Wisigoths, il annexe le territoire

Le pavois est une tradition des Romains. Ils proclamaient ainsi leur empereur au IV^e siècle. Clovis fut promené et acclamé selon cette coutume

des Francs Ripuaires qui l'acclament et le hissent sur le pavois. Roi de tous les Francs, il a unifié la Gaule et sait être reconnaissant du soutien spirituel et politique qu'il doit au clergé.

Ce grand roi, qui a la cruauté des hommes de son temps, a croisé tout au long de sa vie de grands saints qui ont encouragé sa conversion et la grâce du baptême agit peu à peu dans son cœur.

En 511, il invite tous les évêques de Gaule à se réunir en concile à Orléans afin de légiférer sur les besoins de l'Église.

Trente-et-un canons* furent rédigés : concernant le droit d'asile dans les églises et monastères ; permettant aux prêtres ariens d'intégrer la hiérarchie catholique ; fixant le temps du carême à 40 jours et instaurant les rites de bénédiction en fin de messe.

** règles concernant la foi.*

Sainte-Geneviève : 423-502 .
Elle protégea Paris contre l'invasion des Huns et fit élever la basilique Saint-Denis pour l'unité des Chrétiens.
Elle est la sainte patronne de Paris.

Cette même année, Clovis a 45 ans et fait de Paris la capitale du royaume. Clotilde et lui souhaitent y faire construire une basilique, afin d'abriter leur tombeau. Elle sera bâtie au sommet d'une colline où est enterrée sainte Geneviève, toujours vénérée, qui fut de bon conseil pour le roi Childéric, père de Clovis.

L'édifice fut dédié à saint Pierre et saint Paul, mais Clovis n'eut pas le temps d'en constater l'achèvement. Il mourut le 27 novembre 511, auprès des siens, dans son palais.

Depuis ce jour, la France se souvient de Clovis, son premier roi catholique, qui lui a laissé un héritage spirituel fondé sur les engagements du baptême. Ainsi, la France est devenue fille aînée de l'Église ; fidèle à la promesse de son roi, elle se doit pour toujours au service de Dieu et des hommes, en témoignant de sa foi et de son histoire.

Tous mes remerciements vont à Patrick Demouy
et à Charles de Lacaussade.

BAPTEME
DE CLOVIS

*Crédit photo : Bibliothèque Nationale pages 6 et 25*
*Réunion des Musées Nationaux (R.M.N. ) pages 8, 9, 10, 13, 14, 19, 23, 25, 27, 28.*

Achevé d'imprimer le 26 juillet 1996
Dépot légal juillet 1996
Loi n°49-956 du 16 juillet 1949 sur les publications destinées à la jeunesse - juillet 1996
Imprimerie Kapp Lahure Jombart - Évreux